Dieses Buch gehört:

Die Deutsche Bibliothek – CIP-Einheitsaufnahme
Söffker, Marion:
Meine kleine Gartenküche im Winter /
Marion Söffker. –
Hildesheim : Gerstenberg, 1996
ISBN 3-8067-4180-8
NE: HST

Copyright © 1996 Gerstenberg Verlag, Hildesheim
Alle Rechte vorbehalten
Satz bei Gerstenberg Druck GmbH, Hildesheim
Druck bei Graficromo, Cordoba
Printed in Spain
ISBN 3-8067-4180-8

Marion Söffker

Meine kleine Gartenküche im Winter

Gerstenberg Verlag

Inhalt

Äpfel	8 – 9
Lauch	10 – 11
Wurzelgemüse	12 – 13
Rote Bete	14 – 15
Feldsalat	16
Wurzelpetersilie	17
Chicorée	18 – 19
Rosenkohl	20 – 21
Kresse	22 – 23
Keime und Sprossen	24 – 25
Haselnüsse	26 – 27
Worterklärungen	28

elektrisches Rührgerät, Rührbecher, Meßbecher, Glasschüssel, Rohkostreibe, Schöpfkelle, Kochtopf, Topflappen, Auflaufform, Pfannenwender, Pfanne, Sieb, Zitronenpresse, Messer, Schneidebrett, Kochlöffel, Teigrolle, Backblech

Liebe Kinder,

Nach Zeiten des Wachstums und der Ernte legt die Natur jetzt eine Ruhepause ein, um wieder neue Kräfte für den Frühling zu sammeln. Doch auch im Winter gibt es viel zu tun. Wenn im Garten die Umgrabearbeiten erledigt sind und die Erde für die Frühjahrsbepflanzung vorbereitet ist, wird es Zeit, alle Gartengeräte zu säubern und zu pflegen. Nachdem du sie geputzt hast, solltest du sie gut einölen, damit sie nicht rosten.

Wie wäre es, wenn du für das nächste Jahr

einen Pflanzplan anlegst? Überlege dir, was du auf dem Balkon anpflanzen möchtest oder wo du Kübel oder Kästen aufstellen könntest. Für deine Gartenecke kannst du einen Plan anfertigen, in dem du die Aufteilung deiner Beete einzeichnest.

Wenn viel Schnee gefallen ist, freuen sich die Vögel über einen Futterplatz oder aufgefädelte Erdnüsse, die du in die Bäume hängst. Die Eichhörnchen bekommen gleich ein Netz mit Haselnüssen dazu, gut sichtbar, dann kannst du sie von drinnen beobachten.

Für deine winterliche Küche findest du viele Rezepte in diesem Buch, die alle, wenn nicht anders angegeben, für 4 Personen berechnet sind.

Bei heißem Apfelpunch und duftenden Bratäpfeln wird es dann richtig gemütlich.

Ernten kannst du auch im Haus, zum Beispiel selbstgezogene Sprossen und Keime. Außerdem macht es Spaß, zu beobachten, wie schnell sie wachsen.

Noch viel mehr Ideen und Anregungen findest du in diesem Buch. Viel Spaß beim Ausprobieren und Planen.

Viel Spaß beim Ausprobieren und Planen.

Äpfel

Die vielen Apfelsorten, die es heute gibt, stammen alle vom Holzapfel ab, der in ganz Europa wild wächst. Äpfel haben ein Kerngehäuse, in dem die Apfelkerne, die Samen sitzen. Im Herbst ist Erntezeit. Ganz einwandfreie Äpfel können im Keller für den Winter eingelagert werden. In einem kühlen Raum werden die Äpfel auf Regale oder in flache Obstkisten gelegt. Ab und zu mußt du die Äpfel kontrollieren und faule aussortieren.
Ein kleines Apfelbäumchen kannst du sogar in einem Kübel auf den Balkon oder die Terrasse stellen. Das sieht sehr schön aus, und eine kleine Ernte hast du auch. In einigen Gärtnereien werden die kleinen Bäumchen herangezogen und in großen Töpfen verkauft.

Bratäpfel

Wasche **4 Äpfel**, schneide die Kerngehäuse heraus und setze die Äpfel in eine gefettete Auflaufform. Vermische **2 Eßlöffel gehackte Mandeln**, **2 Eßlöffel Rosinen**, **2 Eßlöffel Honig** oder **Zucker** und **1 Prise Zimt**. Fülle die Masse in die ausgehöhlten Äpfel und gib ein paar Butterflöckchen obenauf. Im vorgeheizten Backofen werden die Bratäpfel bei 220 Grad (Gas Stufe 4) 20-30 Minuten gebacken. Dazu schmeckt Vanillesauce oder Vanilleeis.

Apfelsorten

Apfelkerne einpflanzen

Werfe die Kerne eines Apfels nicht weg, denn aus manchem Kern entsteht eine hübsche Pflanze. Fülle einen Blumentopf mit Pflanzenerde und feuchte sie gut an. Stecke dann 3 Apfelkerne hinein, aber nur so tief, wie der Samen dick ist. Stelle den Topf an einen kühlen und dunklen Ort. Nun mußt du Geduld haben. Zuerst wächst aus der Spitze eine kleine Wurzel. Wenn die Pflanzen dann zu sprießen beginnen, solltest du sie an einen helleren Ort stellen. Gieße die jungen Pflanzen nun regelmäßig, aber gerade nur so viel, daß die Erde feucht bleibt. Haben sich zwei Blattpaare entwickelt, werden die Pflanzen in einzelne Töpfe umgepflanzt.

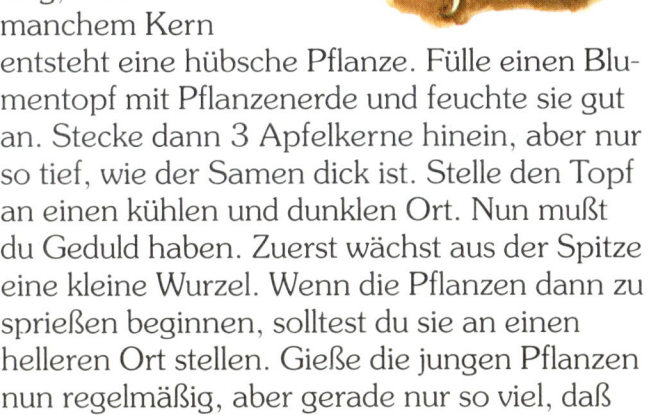

Äpfel dörren

Wasche ein paar Äpfel, steche die Kerngehäuse aus und schneide die Äpfel in viele schmale Ringe. Fädele die Scheiben auf eine Schnur und hänge sie an einem warmen Ort auf. Nach ein paar Tagen sind die Apfelscheiben ganz durchgetrocknet.

Apfelkuchen

Verrühre **150 g Butter** oder **Margarine** mit **150 g Zucker**, **3 Eiern** und **150 g Mehl**. Gib den Teig in eine eingefettete Backform und verteile **3 Eßlöffel gehackte Mandeln** oder **Haselnüsse** und **Rosinen** auf dem Teig. Wasche und entkerne **700 g Äpfel**, schneide sie in Scheiben und belege damit den Teig. Streue **2 Eßlöffel Zucker** und **etwas Zimt** darüber. Im vorgeheizten Backofen wird der Kuchen bei 200 Grad (Gas Stufe 3) 40-50 Minuten gebacken.

Apfelmüsli

2 Portionen

Verrühre **200 g Joghurt** mit **3 Eßlöffeln Haferflocken**, **2 Eßlöffeln Milch** oder **Sahne**, **2 Eßlöffeln gehackten Haselnüssen**, **1 Eßlöffel Sesam** und **Sonnenblumenkernen**, **1 Eßlöffel Honig** und **Zitronensaft**. Schneide **2 Äpfel**, **1 Orange** und **1 Banane** in kleine Stücke und verrühre alles miteinander.

Heißer Apfelpunch

Gib **1 l Apfelsaft**, **1 l Traubensaft**, **1 Eßlöffel Zucker** oder **Honig**, **1 Zimtstange**, **2 Eßlöffel Zitronensaft**, **2 Nelken**, **250 g getrocknete Apfelringe** oder **kleingeschnittene Äpfel** in einen Topf. Lasse alles kurz aufkochen.

Lauch

Lauch, auch Porree genannt, gehört zur Familie der Zwiebel, er ist jedoch milder im Geschmack. Die großen Blätter sind so fest zusammengewickelt, daß sie eine Stange bilden. Der Sommerlauch entwickelt nur dünne Stangen, der Winterlauch ist dicker und robuster. Wenn der Boden nicht gefroren ist, kann Winterlauch bis in den späten Frühling geerntet werden. Da zwischen den Blättern des Lauchs häufig viel Sand sitzt, solltest du ihn gründlich unter fließendem Wasser abwaschen.

Lauch ist winterhart.

Dekorationen

Lauchringe:

Zum Garnieren für Butter- und Käsebrote.

Büschel: Lauchstücke längs einschneiden.

Türmchen: Lauch in 3 cm dicke Ringe schneiden und die inneren Ringe nach oben drücken.

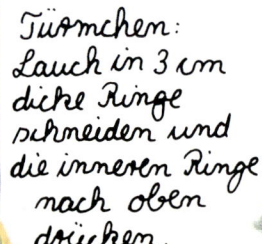

Lauchpizza

Lasse **350 g tiefgekühlte Blätterteigscheiben** antauen. Lege sie dann auf ein mit kaltem Wasser abgespültes Backblech und drücke die Ränder zusammen. Verrühre **200 g Schmand** mit **2 Eiern**, **etwas Salz** und **Pfeffer** und verstreiche die Soße auf dem Teig. Schneide **1 kg Lauch** in Ringe, wasche sie und dünste sie in **2 Eßlöffeln Öl** 5 Minuten an. Wasche **4 Tomaten** und schneide sie in Scheiben. Verteile den Lauch und die Tomatenscheiben auf dem Teig. Schneide **200 g Käse** in dünne Scheiben und lege sie auf das Gemüse. Backe die Pizza im vorgeheizten Backofen bei 225 Grad (Gas Stufe 4) etwa 30 Minuten.

Lauch pflanzen

Im April kannst du Lauch direkt im Garten aussäen. Sind die Pflänzchen etwa 15 cm groß, werden mit einem Stock oder Pflanzholz Löcher in einem Abstand von 15 cm in die Erde gebohrt. Ziehe die Pflänzchen vorsichtig aus der Erde und schneide die Blätter und die Wurzeln etwas kürzer, bevor du sie einpflanzt.

Die Wurzeln sollen im Pflanzloch nach unten hängen und nicht geknickt in der Erde stecken. Gieße die kleinen Pflanzen gut und fülle dann die Löcher mit Erde auf. Während der Wachstumszeit sollten die Pflanzen mehrmals mit etwas Erde angehäufelt werden, damit sie einen schönen, weißen Schaft und einen milden Geschmack bekommen. Und sie müssen viel gegossen werden.

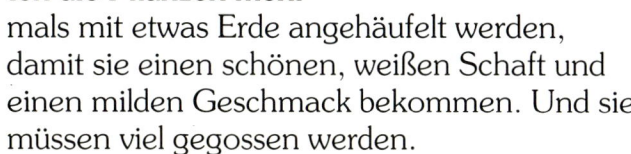
Mit Erde anhäufeln

Lauchsuppe

Wasche **500 g Lauch** und schneide ihn in Ringe. Erhitze **2 Eßlöffel Öl** und dünste die Lauchringe darin etwas an. Gieße **1 l Brühe** dazu und lasse die Suppe etwa 15 Minuten kochen. Rühre dann **200 g Sahne** unter, schmecke mit **Salz**, **Pfeffer** und **Muskat** ab und bestreue das Ganze mit **geriebenem Käse**. Wer es etwas kräftiger mag, kann noch **150 g in Streifen geschnittenen Schinken** in die Suppe geben. Dazu schmeckt frisches Brot.

Lauchnudeln

Koche **250 g Spaghetti** in reichlich Salzwasser mit **1 Eßlöffel Öl** 10 Minuten. Wasche **600 g Lauch** und schneide ihn in feine Streifen. Erhitze **2 Eßlöffel Öl** und schmore den Lauch darin an. Gib die Spaghetti und **200 g Sahne** dazu. Lasse alles einmal kurz aufkochen und würze mit **Salz**, **Pfeffer**, **Muskat** oder **Curry**.

Lauch in Streifen schneiden.

Einfach köstlich...

Topinambur

Wurzelgemüse

Pastinake

Einige Wurzelgemüsesorten sind längst in Vergessenheit geraten. Aber es lohnt sich, Samen für diese Pflanzen zu besorgen, vielleicht bei einem Bauern auf dem Wochenmarkt.
SCHWARZWURZELN werden oft als Spargel des Winters bezeichnet. Da die Wurzeln sehr lang werden, benötigen Schwarzwurzeln einen lockeren Boden. Beim Ernten mußt du vorsichtig sein, damit die langen Wurzeln nicht abbrechen. Am besten lockerst du den Boden vorsichtig mit einer Grabegabel.
PASTINAKEN: Da Pastinaken viel Zeit zum Wachsen brauchen, müssen sie schon frühzeitig im Februar gesät werden. Pastinaken haben einen würzigen, süßen Geschmack, der noch besser wird, wenn sie während der Frostnächte in der Erde bleiben.
TOPINAMBUR: Dieses Wurzelgemüse wird auch Jerusalem-Artischocke genannt. Äußerlich gleicht die Pflanze der Sonnenblume, sie wird genauso groß. Sie hat aber kleinere Blüten und bildet an den Wurzeln Knollen aus. Im Spätherbst können die Knollen ausgegraben und wie Kartoffeln zubereitet werden.
SPEISERÜBEN: Die bekanntesten sind Steckrüben, Mairüben und Teltower Rübchen. Rüben sind recht anspruchslos. Sie können im Sommer und Herbst jung und zart zum sofortigen Gebrauch geerntet oder als Wintervorrat eingelagert werden. Speiserüben können bis zum Frost im Boden bleiben. Alle Rübenarten werden nur gekocht gegessen.

Steckrübe

Knusprige Stangen

Schäle **600 g Schwarzwurzeln** und koche sie in reichlich Salzwasser 20-30 Minuten. Nimm die Schwarzwurzeln heraus, wende sie in **Mehl**, dann in **1 verquirltem Ei** und in **Paniermehl**. Erhitze **2 Eßlöffel Öl** in einer Pfanne und backe die panierten Schwarzwurzelstangen darin goldgelb.

Eine köstliche Knabberei.

Lagerung

Wurzelgemüse eignet sich sehr gut zum Einlagern. Bedecke den Boden einer Holzkiste mit einer Schicht Sand und feuchte ihn etwas an. Lege dann das Gemüse locker nebeneinander auf den Sand. Bedecke die Gemüseschicht wieder mit Sand, dann folgt wieder eine Gemüseschicht, die mit Sand bedeckt wird, und so weiter. Die Holzkiste wird in einen kühlen und dunklen Keller gestellt. In jeder Holzkiste sollte nur eine Gemüsesorte einlagern.

Einen kleinen Vorrat kannst du auch auf dem Balkon in einer trockenen, schattigen und geschützten Ecke lagern. Decke die Kiste bei Regen mit einer Folie und bei sehr starkem Frost mit einer Decke ab.

Schwarzwurzeln

Pastinakensalat

Bürste **500 g Pastinaken** und koche sie mit der Schale etwa 30 Minuten in Wasser. Dann schäle und schneide sie in Scheiben. Wasche **1 Stange Lauch** und **1 Apfel** und schneide sie in dünne Scheiben. Verrühre **125 g Sahne** mit **2 Eßlöffeln Zitrone**, **etwas Salz**, **1 Prise Pfeffer** und **Zucker**. Vermische die Soße mit den Salatzutaten und streue **Sonnenblumenkerne** oder **gehackte Haselnüssen** darüber.

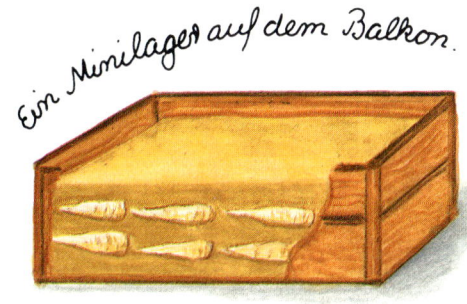
Ein Minilager auf dem Balkon.

Topinambur-Puffer

Schäle und reibe **500 g Topinambur**. Gib **3 Eier**, **3 Eßlöffel Mehl**, **etwas Salz** und **Muskat** dazu. Verrühre alles miteinander. Erhitze **2 Eßlöffel Öl** in einer Pfanne und brate etwa 12 kleine Puffer von beiden Seiten knusprig. Gieße eventuell etwas Öl nach.

Überbackene Steckrüben

Schäle **600 g Steckrüben**, schneide sie in Scheiben und koche sie in Salzwasser 20 Minuten. Gieße das Wasser ab und schichte die Steckrüben in eine eingefettete Auflaufform. Verrühre **250 g saure Sahne** mit **150 g geriebenem Käse**, **40 g gehackten Haselnüssen**, **Salz** und **Pfeffer**. Gieße die Soße über die Steckrüben und überbacke das Ganze im vorgeheizten Backofen bei 220 Grad (Gas Stufe 4) 20 Minuten.

Rote Bete

Blätter mit roten Adern

Wurzel

schälen

Rote Bete, auch rote Rüben genannt, können roh und gekocht gegessen werden. Die wunderschönen rot-grünen Blätter kannst du wie Mangold oder Spinat als Gemüse kochen. Damit sich die rote Bete gut entwickeln kann, solltest du die Samen in einem Abstand von 10 cm ab April aussäen. Rote Bete erfriert leicht und muß deshalb vor Frosteinbruch geerntet werden. Bei der Ernte ist darauf zu achten, daß das Kraut nicht abgeschnitten, sondern abgedreht wird. Auch darf die Rübe nicht verletzt werden, weil sonst ihr roter Saft ausläuft. Für den Winter läßt sich rote Bete wie jedes Wurzelgemüse im Keller in einer Holzkiste mit feuchtem Sand lagern.

Gekochte Rote Bete

Wasche vor dem Kochen die **rote Bete** gründlich. Gare sie je nach Größe 40-60 Minuten in reichlich Salzwasser. Ziehe die Schale wie bei Pellkartoffeln ab und streue **etwas Salz** und **Pfeffer** darüber.
Dazu schmeckt Meerrettichcreme: Verrühre **200 g Schmand** mit **2 Teelöffeln Meerrettich**, **etwas Salz** und **Pfeffer** sowie **2 Eßlöffeln Dill** oder **Petersilie**.

Mein Geschenkpapier mit Rote Bete-Fingerdruck.

Fingerdruck

Koche die Schale der roten Bete mit etwas Wasser auf, nimm die Schale heraus und lasse das Wasser abkühlen. Schon hast du rote Farbe zum Malen und Drucken. Wie wäre es mit einem persönlichen Fingerdruck für Geschenkpapier oder mit lustigen Fingerdruckfiguren auf weißem Karton als Postkarte?

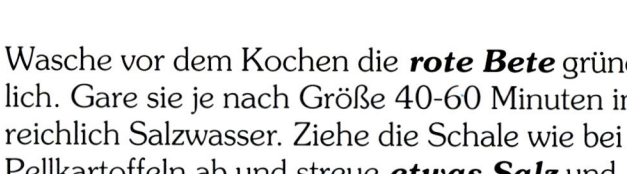

Teller-Garten am Fenster

Schneide von der roten Bete und anderem Wurzelgemüse (Möhre, Rettich) die Enden 2-3 cm dick ab und entferne die Blätter. Fülle in einen tiefen Teller oder eine flache Schale ein wenig Wasser, bis der Boden bedeckt ist. Dann legst du die Wurzelstücke mit der Schnittseite nach unten ins Wasser. Stelle den Teller ans Fenster und fülle regelmäßig das Wasser im Teller nach. Schon bald treiben die Wurzelstücke frische, grüne Blätter aus. Von deinem Teller-Garten kannst du zwar nichts ernten, aber er sieht sehr schön aus.

Das obere Ende abschneiden.

Schöne Pflanzen aus Gemüseresten

rote Bete, Möhren, Rettich

Schöne Kieselsteine mit auf den Teller legen.

Rote Bete Salat

Wasche, schäle und raspele **400 g Äpfel** und **400 g rote Bete**. Gib **100 g gehackte Nüsse** dazu. Verrühre **200 g Sahne** mit **1 Teelöffel Meerrettich**, **2 Eßlöffeln Zitronensaft**, **2 Eßlöffeln kleingeschnittenem Dill** oder **Schnittlauch**, **etwas Salz**, **1 Prise Pfeffer** und **Zucker**. Vermische die Soße mit dem Salat.

Gemüseblech

Pro Person **2-3 rote Bete-Knollen** und **2-3 Kartoffeln** gut waschen und durchschneiden. Gib **2 Eßlöffel Öl** auf ein Backblech, lege das Gemüse darauf und backe es im vorgeheizten Backofen bei 200 Grad (Gas Stufe 3) 30-40 Minuten. Würze mit **etwas Salz** und gib einen Klacks **saure Sahne** oder **Kräuterquark** darauf.
Auch Möhren oder Zwiebeln schmecken auf dem Gemüseblech.

Ein Farbtupfer auf Quark- oder Butterbroten.

Feldsalat

Unter dem Namen Rapunzel taucht der Feldsalat im Märchen der Gebrüder Grimm auf.

Feldsalat, auch Rapunzel oder Ackersalat genannt, wuchs früher wild auf den Feldern und säte sich dort immer wieder von selber aus. Er wächst auch im Winter, wenn es noch keinen anderen frischen Salat im Garten gibt. Feldsalat ist eine kleine, zähe Pflanze, die in Rosetten wie kleine Salatköpfe wächst. Im August wird für die Herbsternte, ab September für den Winter- und Frühjahrsbedarf ausgesät. Feldsalat gedeiht am besten im sonnigen Beet, das gut gedüngt ist. Nach der Aussaat in Reihen muß der Boden gut festgeklopft werden. Decke den Feldsalat zu Beginn des Winters mit Tannenzweigen oder Reisig ab. Wenn der Schnee nicht allzu hoch liegt, kannst du die Abdeckung jederzeit hochheben und den Salat ernten. Bei der Ernte stichst du die ganze Blattrosette mit einem Messer aus dem Boden.

Feldsalat mit einer Holzumrandung abdecken, dann kannst du auch im Winter ernten.

Feldsalat mit Käse

Wasche **200 g Feldsalat** und schneide **1 geschälte Zwiebel**, **100 g Käse** und **1 Apfel** in kleine Würfel. Verrühre **1 Eßlöffel Essig**, **3 Eßlöffel Öl**, **etwas Salz**, **1 Prise Pfeffer** und **Zucker**. Vermische alle Zutaten miteinander. Schneide **2 Scheiben Brot** in Würfel, röste sie in **etwas Butter** goldgelb an und streue sie über den Salat.

Salatspießchen

Feldsalat mit einem Zahnstocher auf Brot- oder Käsewürfel, Gemüsestücke oder Nüsse spießen.

Wurzelpetersilie

Wurzelpetersilie ist ein wertvolles Wintergemüse. Die Blätter können zum Würzen verwendet werden, und die Wurzeln werden roh oder gekocht gegessen. Wurzelpetersilie wird im April ausgesät, bevorzugt an einem sonnigen Standort und in einem lockeren Boden. Da die Samen sehr langsam keimen, solltest du ein paar Radieschen dazwischen säen, die schnell keimen und dann anzeigen, wo die Wurzelpetersilie ausgesät ist. Lasse die Wurzeln möglichst lange im Boden, weil sie dann besser schmecken. Von Ende Oktober bis in den Winter kannst du die Wurzelpetersilie ernten. Decke sie in sehr kalten Wintern mit Stroh und Reisig ab oder lagere sie wie anderes Wurzelgemüse im kühlen Keller.

Wurzelpetersilie wächst gerne neben Radieschen.

Kartoffeleintopf

Wasche **1 Stange Lauch** und schneide sie in Ringe. Schäle **1 Zwiebel**, **200 g Wurzelpetersilie**, **200 g Möhren**, **150 g Sellerie** und **300 g Kartoffeln** und schneide alles in Würfel. Erhitze **2 Eßlöffel Öl** und schmore das Gemüse darin an. Gieße **1 l Brühe** dazu und lasse alles 20 Minuten leicht kochen. Würze mit **Salz**, **Pfeffer** und **Muskat** ab und streue **gehackte Kräuter** darüber.

Wurzelragout

Putze **400 g Wurzelpetersilie** und **400 g Möhren**, schäle und schneide sie in Scheiben. Schäle und würfele **1 Zwiebel** und schmore sie in **2 Eßlöffeln Öl** an. Gib das Gemüse dazu. Bestäube alles mit **2 Eßlöffeln Mehl** und gieße unter Rühren **¼ l Brühe** dazu. Lasse das Ganze etwa 20 Minuten leicht kochen. Rühre **100 g Sahne** unter und schmecke mit **Salz**, **Pfeffer** und **Muskat** ab.

Eine wärmende Suppe an kalten Wintertagen.

Chicorée

Chicorée gehört zur Familie der Zichoriengewächse. Im Sommer bildet er grüne Blätter aus, die als Salat gegessen werden können. Sie sind aber sehr bitter. Bekannter ist Chicorée als knackiges Wintergemüse. Dafür werden im Spätherbst die Chicoréewurzeln ausgegraben und im Dunkeln zum Austreiben gebracht. Die hellen Blätter enthalten kaum Bitterstoffe. Vor dem Zubereiten solltest du aber trotzdem aus dem unteren Ende den Kern keilförmig herausschneiden, da die meisten Bitterstoffe dort sind. Chicorée schmeckt roh als Salat, aber auch gedünstet als Gemüse.

Chicoréeschiffchen

Löse von **3 Chicorée** 12 große Blätter ab und wasche sie gut. Schneide den restlichen Chicorée klein, wasche ihn und verrühre ihn mit **Apfel-Curry-Creme** oder **Orangen-Sahne**. Gib die Füllung in die Chicoréeblätter und garniere sie mit **Nüssen**, **Petersilie** oder **Schnittlauch**.

Apfel-Curry-Creme:

Verrühre **3 Eßlöffel Quark** oder **Joghurt** mit **150 g Schmand**, **1 geraspelten Apfel**, **1 gehackten Zwiebel**, **1 Eßlöffel Zitronensaft**, **1/2 Teelöffel Curry**, **1 Prise Zucker** und **Salz**.

Orangen-Sahne:

Schlage **200 g Schlagsahne** steif. Rühre **4 Eßlöffel Orangensaft**, **1/2 Teelöffel Zucker** oder **Honig**, **1 Prise Salz**, **1 Eßlöffel Meerrettich** unter.

Treiben von Chicorée

Chicorée kannst du auch im Blumentopf treiben lassen.

Blätter auf 3cm abschneiden.

Chicoréewurzeln in einen Eimer mit Erde stecken.

Im Dunkeln treiben die Wurzeln.

Nach 5-6 Wochen kannst du ernten.

Ab Mai wird Chicorée ausgesät. Später werden die Pflanzen in einem Abstand von 30 cm verpflanzt, damit sich kräftige Wurzeln ausbilden können. Im Oktober wird der Chicorée vorsichtig ausgegraben. Schneide die Blätter bis auf 3 cm ab. Stecke dann die Wurzeln dicht nebeneinander in einen Eimer voller Erde, dessen Boden Löcher hat. Gieße die Erde gründlich. Stülpe einen zweiten Eimer darüber, damit die Wurzeln kein Licht bekommen. Stelle den Eimer an einen Ort, der 12-15 Grad warm ist, und halte die Erde gut feucht. Im Dunkeln treiben die Wurzeln neue Blätter aus, die ganz bleich bleiben, weil sie ja kein Licht bekommen. Nach 5-6 Wochen ist der Chicorée erntereif. Wenn du ihn nicht zu tief abschneidest, treibt er erneut aus.

Fruchtiger Chicoréesalat

Entferne von **400 g Chicorée** die Strünke. Schneide die Blätter in feine Streifen und wasche sie. Schneide **400 g Obst** (Äpfel, Apfelsinen oder Bananen) in kleine Stücke und gib sie zu dem Chicorée. Verrühre **200 g Joghurt** oder **saure Sahne** mit **2 Eßlöffeln Zitronensaft**, **1/2 Teelöffel Zucker** oder **Honig**. Gieße die Soße über den Salat und bestreue ihn mit **2 Eßlöffeln gehackten Nüssen**.

Verpackter Chicorée

Wasche **4 Chicorée** und schneide die Strünke heraus. Rolle jede Chicoréestange in eine große Scheibe **gekochten Schinken** oder **Käse** ein. Befestige sie mit einem Zahnstocher. Lege die eingewickelten Chicorée in eine eingefettete Auflaufform, gieße **200 g Sahne** darüber und würze mit **Salz** und **Pfeffer**. Backe das Ganze im vorgeheizten Backofen bei 200 Grad (Gas Stufe 3) etwa 30 Minuten.

Chicorée in Käse oder Schinken verpacken.

Rosenkohl

Rosenkohl ist ein typischer Herbst- und Winterkohl. Frisch aus dem Garten, versorgt er uns im Winter reichlich mit Vitaminen. Die kleinen Röschen mit ihren Blättern, die eng übereinanderliegen, sind eigentlich Blattknospen. Die Rosenkohlpflanze kann bis zu einem Meter groß werden. Rosenkohl ist winterhart und bleibt auf dem Beet stehen. Am besten schmeckt er nach dem ersten Frost. Er wird fast immer gekocht zubereitet.

Die Röschen sind verdickte Knospen.

Rosenkohlschaschlik

Putze und wasche etwa **600 g Rosenkohl** und koche ihn in Salzwasser 8 Minuten. Gieße das Wasser ab und lasse das Gemüse abkühlen. Stecke es auf Schaschlikspieße (Holzspieße), bestreiche es mit **etwas Öl** und würze mit **Salz**, **Pfeffer**, **Curry** oder **Paprikapulver**. Erhitze in einer Pfanne **4 Eßlöffel Öl** und brate die Spieße darin 10 Minuten. Wende sie häufiger. Dazu schmeckt Tomatendip.

Spießchen Querbeet

Putze verschiedene Gemüsesorten, wie **Rosenkohl**, **Möhren**, **Sellerie** oder **Blumenkohl**, schneide sie in kleine Stücke und stecke sie abwechselnd auf Holzspieße. Bereite sie zu wie das Rosenkohlschaschlik.

Tomatendip

Verrühre 200g Schmand mit 4 Eßlöffeln Tomatenmark, 1/2 Teelöffel Salz, 1 Prise Pfeffer, Zucker, Curry und 2 Eßlöffeln gehackten Kräutern.

Überbackener Rosenkohl

Putze und wasche **1 kg Rosenkohl** und koche ihn in wenig Salzwasser 10 Minuten. Gib das Gemüse in eine eingefettete Auflaufform. Verrühre **4 Eier** mit **¼ l Sahne**, **100 g geriebenem Käse**, **etwas Salz**, **Pfeffer** und **Muskat**. Gieße die Soße über das Gemüse und backe es im vorgeheizten Backofen bei 200 Grad (Gas Stufe 3) 30 Minuten. Wer mag, gibt noch **100 g gekochten Schinken** dazu oder nimmt **500 g Rosenkohl** und **500 g Möhren** für den Auflauf.

Rosenkohl anpflanzen

Wer Rosenkohl selbst säen möchte, sollte ihn von Mitte April bis Ende Mai in den Garten oder in ein Saatbeet aussäen. Rosenkohl hat eine lange Entwicklungszeit. Wenn die Sämlinge 10-15 cm hoch gewachsen sind, werden sie umgepflanzt. Du kannst dir aber auch kleine Kohlpflanzen aus der Gärtnerei besorgen. Rosenkohl braucht feste Erde und viel Platz, wenn er gut wachsen soll. In regelmäßigen Abständen sollte der Boden rund um die Pflanze angehäufelt werden. Etwa Mitte September solltest du die Spitzen des Rosenkohls abschneiden, damit er nicht mehr weiter in die Höhe wächst, sondern seine Röschen voll ausbilden kann. Wenn die einzelnen Röschen groß genug sind, werden sie zuerst unten am Stiel und später immer weiter nach oben abgepflückt.

geriebene Muskatnuß paßt gut zu Rosenkohl

Rosenkohltoast

Putze und wasche **250 g Rosenkohl** und koche ihn in Salzwasser 10 Minuten. Gieße ihn über ein Sieb ab und lasse ihn gut abtropfen. Toaste **4 Brotscheiben** und bestreiche sie mit Butter. Lege den Rosenkohl auf die Toastscheiben und würze mit **Salz**, **Pfeffer** und **Muskat**. Wer mag, streut noch jeweils 1 Teelöffel gehackte Haselnüsse oder Sonnenblumenkerne darüber. Lege dann **1 Scheibe Käse** obenauf. Überbacke den Toast im vorgeheizten Backofen bei 200 Grad (Gast Stufe 3) 10 Minuten.

Rosenkohl eventuell an Stützpfähle anbinden.

Kresse

Kresse ziehen macht viel Spaß, weil schon nach kurzer Zeit geerntet werden kann. Sie braucht noch nicht einmal Erde. Nach etwa 6 Tagen kannst du die Kresse abschneiden und in den Salat oder auf ein Butterbrot streuen. Kresse kannst du zu jeder Jahreszeit auf der Fensterbank ziehen und im Sommer natürlich im Garten oder auf dem Balkon.

Kressebrote schmecken prima.

Ernte auf der Fensterbank

1. Kresse immer feucht halten.

2. Mit einem zweiten Teller abdecken.

3. Den Teller abnehmen, wenn die Samen keimen.

4. Die Kresse mit einer Schere abschneiden.

Lege gut angefeuchtetes Küchenkreppapier oder Watte auf einen tiefen Teller. Streue die Kressesamen darauf, sie sollten nicht übereinanderliegen. Bedecke die Samen mit einem zweiten Teller, um sie vor Licht zu schützen. Morgens und abends werden die Kressesamen mit Wasser besprüht, damit sie schön feucht bleiben. Entferne die Abdeckung, sobald die Samen keimen. Nach 6-7 Tagen ist die Kresse etwa 3-4 cm hoch gewachsen. Jetzt ist Erntezeit. Schneide die Kresse tief unten mit einer Schere ab.

Eibrote mit Kresse

2 Portionen

Bestreiche **2 Scheiben Brot** mit etwas **Butter** oder **Margarine**. Schneide **2 hartgekochte Eier** in Scheiben und belege die Brote damit. Verteile **2 kleingeschnittene Radieschen** oder **1/2 kleingeschnittene Paprikaschote** auf den Broten und würze mit **Salz** und **Pfeffer**. Bestreue die Eibrote mit **viel Kresse**.

Bilder aus Kresse

Du kannst Kresse auch in Form von Buchstaben oder Ziffern wachsen lassen. Lege eine Ausstechform oder eine ausgeschnittene Form aus Papier auf die angefeuchtete Watte. Streue die Kressesamen in die Form und nimm diese anschließend ab. Du kannst aus feuchter Watte aber auch Würste drehen, mit denen du Zahlen oder Buchstaben formst. Dann streue Kressesamen darauf. So kannst du sogar einen Namen aus Kressesamen wachsen lassen.

Kresserührei

2 Portionen

Schäle **1 Zwiebel** und schneide sie in feine Ringe. Verrühre **4 Eier** mit **4 Eßlöffeln Milch**, etwas **Salz** und **Pfeffer**. Erhitze **2 Eßlöffel Öl** in einer Pfanne, schmore die Zwiebelringe darin an und gieße die Eiersoße darüber. Rühre, bis das Ei fest wird. Gib **4 Eßlöffel Kresse** dazu und rühre nochmals um. Garniere mit *getoastetem Brot* und *Tomatenscheiben*.

Käsecreme

Verrühre **125 g Schafskäse** oder **Frischkäse** mit **1 Eßlöffel Zitronensaft**, **2-3 Eßlöffeln Olivenöl**, **3 Eßlöffeln Kresse** und **2 Eßlöffeln gemahlenen Nüssen**. Wer mag, gibt noch eine ausgedrückte **Knoblauchzehe** dazu.

Apfel-Kresse Creme

Schäle **1 Apfel** und reibe ihn ganz fein. Verrühre ihn mit **2 Eßlöffeln Zitronensaft**, **150 g Schmand** oder **Frischkäse** und **½ Tasse Kresse**. Würze mit **Salz** und **Pfeffer**. Tauche fingerdicke **Käse- und Brotstreifen** in den Dip.

Lustige Brotgesichter

Bestreiche Brotscheiben mit Butter, Quark oder Käse. Schneide verschiedenes Gemüse oder Obst in Stücke oder Scheiben und lege lustige Gesichter daraus. Mit viel Kresse als Haare bestreuen.

Keime und Sprossen

Etwa 10 Stunden in Wasser einweichen.

Morgens und abends spülen.

Keime und Sprossen schmecken nicht nur gut, sondern sie liefern uns im Winter viele Vitamine und gedeihen sogar im Zimmer. Außerdem ist es faszinierend, wie aus einem Samenkorn nur mit Hilfe von Licht, Luft, Wärme und Wasser ein Keimling entsteht. Keime zu ziehen kostet nur wenig Mühe. Samen für deine Sprossenzucht bekommst du in Bio- und Naturkostläden oder Reformhäusern. Deine ersten Versuche solltest du mit Mungobohnen oder Weizen machen, weil sie in der Regel problemlos keimen. Mit Sprossen und Keimen kannst du viele Gerichte bereichern. Sie schmecken im Müsli, auf Brot, im Salat, in einer Gemüsesuppe und zu vielem mehr.

Mungobohnen ziehen

Du benötigst ein Einmachglas, ein festes Gummiband, ein Stück Gardinenstoff oder Kunststoffgaze. Fülle das Glas mit **1 Tasse Mungobohnen und 4 Tassen lauwarmem Wasser**. Verschließe dann das Glas mit der Gaze und einem Gummiring und lasse es über Nacht stehen. Gieße am nächsten Morgen das Wasser durch die Gaze ab und spüle die Samen gründlich. Stelle das Glas umgedreht auf ein Gitter, damit das Wasser ablaufen kann und die Bohnen Luft bekommen. Suche für das Glas einen warmen, hellen Platz ohne direkte Sonne. Morgens und abends werden die Samen mit Wasser kurz gespült. Schon nach 3-5 Tagen kannst du ernten.

Sprossenquark

2 Portionen

Schäle **1 Banane** und zerdrücke sie mit einer Gabel. Träufele **1 Eßlöffel Zitronensaft** darüber. Rühre **200 g Quark, 6 Eßlöffel Milch, 2 Teelöffel Honig und 4 Eßlöffel gekeimten Weizen** unter. Gib **2 kleingeschnittene Äpfel** oder **Birnen** dazu und bestreue alles mit **2 Eßlöffeln gekeimten Sonnenblumenkernen**.

Das Wasser abgießen und schrägstellen.

Kichererbsencurry

Schäle und würfele **1 Zwiebel** und dünste sie in **2 Eßlöffeln Öl**. Gib **3 Tassen Kichererbsensprossen** und **1 Eßlöffel Curry** dazu und dünste sie kurz an. Gieße dann **1/8 l Gemüsebrühe** dazu und lasse alles 10 Minuten leicht kochen. Schmecke mit **3 Eßlöffeln Sahne**, **etwas Salz** und **Pfeffer** ab und streue **3 Eßlöffel Kokosraspeln** und **gehackte Kräuter** darüber. Dazu schmeckt Käserisotto.

Kichererbsen

Käserisotto

Schäle und würfele **1 Zwiebel** und schmore sie in **2 Eßlöffeln Öl** an. Gib **2 Tassen Reis** und **2 Teelöffel Curry** dazu und dünste alles unter Rühren, bis es glasig wird. Gieße **4 Tassen Brühe** dazu, lasse alles einmal aufkochen und bei niedriger Temperatur 20-30 Minuten quellen. Rühre **1 Tasse Mungobohnensprossen** und **100 g geriebenen Käse** unter den Reis.

Sprossenpäckchen

Wasche **8 große Blätter vom Eisbergsalat** oder von einer anderen festen Salatsorte. Putze und reibe **300 g Möhren** und **100 g Sellerie**. Verrühre das Gemüse mit **2 Tassen verschiedener Sprossen**, **50 g gemahlenen Hasel-** oder **Walnüssen**, **200 g Frischkäse** oder **Quark**, **Salz** und **Pfeffer**. Gib jeweils 2-3 Eßlöffel dieser Mischung auf die Salatblätter, rolle sie zusammen, und fertig sind die Päckchen. Für eine rote Füllung gib **2 Eßlöffel Tomatenmark** dazu.

Haselnüsse

Haselnußkern in der Schale.

männliche Kätzchen
weibliche Blüte

Der Haselstrauch blüht am frühesten von allen heimischen Sträuchern. Die langen männlichen Kätzchen verstreuen beim leichtesten Windhauch ihren Blütenstaub. Die Knospen mit dem roten Blütenstand sind die weiblichen Blüten. Erst wenn die Blüte befruchtet ist, beginnt die Haselnuß ganz langsam zu wachsen. Im September sind die Haselnüsse reif. Zum Ernten solltest du den Strauch schütteln, dann fallen die reifen Nüsse herunter. Entferne die Blatthülle und lasse die Nüsse an einem schattigen und luftigen Ort trocknen. Haselnüsse sind auch die Lieblingsspeise von vielen Tieren, wie Eichhörnchen, Spechte, Eichelhäher oder Kleiber. Einige Tiere fressen die Nüsse gleich, andere verstecken sie als Vorrat für die kalte Jahreszeit.

Aus der Blüte entwickelt sich die Haselnuß.
reife Haselnuß
Hier hat eine Maus ein Loch in die Nußschale geknabbert.

Nuß- und Schokonußbutter

NUSSBUTTER: Verrühre **125 g Butter** mit **125 g gemahlenen Haselnüssen** und **1-2 Eßlöffeln Honig** oder **Zucker**.

SCHOKONUSSBUTTER: Rühre unter **½ Portion Nußbutter 1 Eßlöffel Kakaopulver**.

SCHACHBRETTBROT: Bestreiche **1 Scheibe Brot** mit **Nußbutter**, eine mit **Schokonußbutter**, schneide sie in Quadrate und verteile sie abwechselnd auf einem Teller.

Nußbrötchen

Vermische **250 g Mehl** mit **2 Teelöffeln Backpulver** und knete **1 Ei, 250 g Quark, 1 Teelöffel Honig** oder **Zucker** und **75 g gemahlene Haselnüsse** unter den Teig. Forme daraus 8-10 Brötchen, bestreiche sie mit **etwas Milch** und streue **gehackte Nüsse** darüber. Backe die Brötchen auf einem eingefetteten Backblech im vorgeheizten Backofen bei 180 Grad (Gas Stufe 2) 20-30 Minuten.

Schachbrettbrote

Nußfrikadellen

Verrühre **250 g Haferflocken** mit **2 Eiern**, **¼ l Milch**, **100 g geriebenem Käse**, **1 kleingehackten Zwiebel**, **1 Teelöffel Salz**, **1 Eßlöffel getrocknetem Majoran**, **4 Eßlöffeln gemahlenen Haselnüssen**. Erhitze **2 Eßlöffel Öl** in einer Pfanne und gib pro Frikadelle einen großen Eßlöffel Teig in die Pfanne. Drücke ihn flach und backe ihn von beiden Seiten goldgelb.

Haselnüsse einpflanzen

Bedecke den Boden eines Blumentopfs mit einer Schicht kleiner Kieselsteine. Mische Blumenerde mit etwas Sand und fülle damit den Blumentopf fast bis zum Rand. Setze die Nuß hinein und bedecke sie mit Erde. Halte sie immer etwas feucht. Wenn im Frühling die ersten Keimblätter erscheinen, solltest du regelmäßig gießen. Im Herbst oder im Frühjahr kannst du dein Bäumchen in den Garten pflanzen. Den Wachstumsverlauf des Bäumchens trägst du in dein Beobachtungsheft ein.

Gib 1 Salatblatt, 1 Nußfrikadelle und etwas Tomatenmark oder Tomatenscheiben zwischen 2 Brötchenhälften.

Knuspernüsse

Röste **ganze Haselnüsse** in einer Pfanne bei niedriger Temperatur. Rühre die Nüsse ständig, damit sie nicht anbrennen. Eine leckere Knabberei für zwischendurch oder hübsch verpackt als Geschenk.

Nußplätzchen

Verknete **200 g Butter** mit **100 g Zucker** und **1 Ei**. Gib dann **170 g gemahlene Haselnüsse** und **250 g Mehl** dazu. Rolle den Teig auf einer sauberen Unterlage dünn aus und steche mit Ausstechformen Plätzchen aus. Lege sie auf ein eingefettetes Backblech und backe sie im vorgeheizten Backofen bei 180 Grad (Gas Stufe 2) 8-10 Minuten.
Tip: Die Plätzchen vor dem Backen mit etwas Milch bestreichen und Mandelhälften oder Haselnüsse eindrücken.

Igelbrötchen: Mandelstifte und Rosinen vor dem Backen in den Teig stecken.

Worterklärungen

Im Garten

Im Winter Chicorée antreiben.

ANTREIBEN: Manche Pflanzen wie Chicorée lassen sich im Winter erneut zum Wachsen anregen. Stellt man die ausgegrabene Pflanze ins warme Haus, treibt die Wurzel erneut aus.

LAGERUNG: Viele Gemüsesorten, vor allem Wurzelgemüse, lassen sich gut für den Winterverbrauch in einer Kiste mit feuchtem Sand aufbewahren. Ein kühler, aber frostfreier, gut gelüfteter Ort eignet sich am besten als Lagerraum.

MEHRJÄHRIGE PFLANZEN: Im Herbst sterben von den mehrjährigen Pflanzen die oberirdischen Pflanzenteile ab. Die Pflanze überwintert im Boden und treibt im Frühjahr neu aus.

WINTERHART: Pflanzen, die trotz Frost, Schnee und Eis im Freien überwintern können.

Pflanzen locker abdecken.

WINTERSCHUTZ: Starke Fröste können auch winterharten Pflanzen schaden, vor allem dann, wenn kein Schnee liegt. Schnee schützt die Pflanzen in der Erde vor großer Kälte. Du kannst die Pflanzen mit Tannenzweigen, Fichtenreisig, Stroh, Laub oder Torfmull abdecken. Es sollte nur locker auf den Pflanzen liegen. Dadurch hat man sogar im Winter bei manchen Pflanzen, wie Feldsalat, zusätzlich die Möglichkeit zu ernten, sogar wenn Schnee liegt.

In der Küche

ABKÜRZUNGEN: kg = Kilogramm, g = Gramm, l = Liter, ml = Milliliter, cm = Zentimeter, m = Meter.

AUFKOCHEN: Eine Flüssigkeit in einem Topf erhitzen, bis große Blasen aufsteigen. Dann die Temperatur herunterschalten.

BACKEN: Nahrungsmittel werden im Backofen oder in heißem Fett in der Pfanne ausgebacken.

EINFETTEN: Eine Kuchenform, ein Backblech oder eine feuerfeste Form mit Butter, Margarine oder Öl bestreichen.

PANIEREN: Erst mit Mehl bestäuben, dann in einem verquirltem Ei und anschließend in Semmelbröseln wenden.

Viel Spaß bis zum Frühling.